IMPRESSIONS DE VOYAGE

DANS LA

VALLÉE D'AOSTE

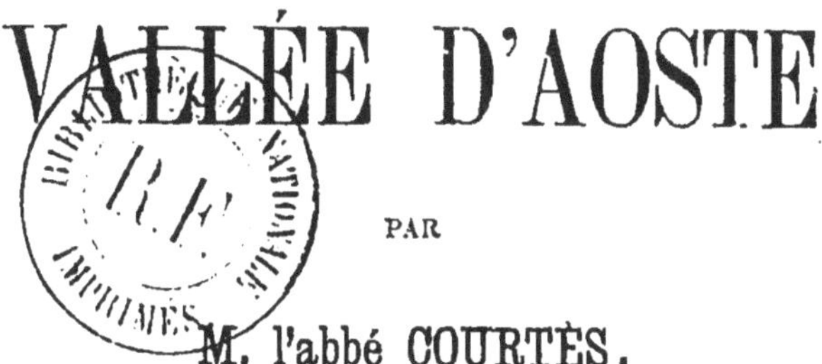

PAR

M. l'abbé COURTÈS,

Curé-Doyen de Berre.

LETTRE A UN AMI.

AIX

IMPRIMERIE J. NICOT, COURS, 55.

1875.

Aix — Imprimerie J. Nicot. — 5483.

IMPRESSIONS DE VOYAGE

DANS LA

VALLÉE D'AOSTE

LETTRE A UN AMI.

Berre, 15 juillet 1875. Fête de Saint-Henri.

MON BIEN CHER AMI.

Je vous félicite de tout cœur de l'empressement que vous mettez chaque année à célébrer la fête du Roi. Comme dans les beaux jours que nous passions ensemble, la mi-juillet vous rappelle son glorieux patron, et alors, faisant trêve à tout autre souci, vous le priez de demander à Dieu, qui nous l'a donné pour sauver la Patrie, qu'il le

ramène bientôt sur le trône de ses aïeux. Vous pre-
nez ensuite votre plus jolie plume pour m'écrire à ce
sujet les plus jolies choses du monde. Ce bon procédé
me plaît beaucoup, parce que, je le sais, c'est le pa-
triotisme qui vous l'inspire. Soyons toujours unis
pour la bonne cause ; car l'union fait la force qui,
dans ces jours mauvais, prime tout, même le droit.

J'ai reçu votre gracieuse lettre à mon retour des
Alpes. J'ai fait là, je vous assure, un des plus beaux
voyages de ma vie. Que de beautés naturelles, que de
belles horreurs j'ai contemplées sur les frontières de la
Suisse et de l'Italie ! Pour distinguer mes courses de
celles du touriste, j'ai prêché un peu partout, mais
avec le plus de plaisir au pied du Mont-Blanc, dans
le pieux sanctuaire de Notre-Dame-de-Guérison, au
milieu de glaciers éternels. Je ne sais si mes paroles
de feu auront eu plus d'effet sur la glace des cœurs
que n'en ont les rayons du soleil sur les glaces de la

Brenva. La manière, pourtant, dont elles furent accueillies par la foule des pèlerins, me le fait supposer.

Ces pèlerins arrivés de toutes parts, mais surtout de Courmayeur, pour célébrer, selon l'usage, la fête de la Visitation, étaient partis de cette bourgade au lever du soleil. Rangés sur deux files et ayant un nombreux clergé à leur tête, ils avaient suivi, en chantant des hymnes à la Vierge de Nazareth, le sentier si accidenté qui mène à travers les prairies au *Pont-des-Chèvres* de la Doire et de là, entre la lisière du bois et les bords du torrent, à la solitude du Berrier. Arrivés en cet endroit, qui était le terme de leur pèlerinage, ces pieux chrétiens, portant des fleurs et des vœux à Marie, vinrent s'agenouiller au pied de son autel, dans le sanctuaire qu'ils doivent à la piété de leurs pères.

« Jamais sanctuaire, a dit l'auteur de la *Vallée d'Aoste*, ne fut mieux placé ; car il est impossible, même à l'homme le plus oublieux des leçons de notre enfance, de ne pas se souvenir de quelques prières en face des œuvres sublimes du Créateur. Comment ne pas murmurer au fond de son âme le saint nom du Seigneur. » J'ajoute avec plaisir : Comment ne pas murmurer au fond de son cœur le doux nom de Marie, au milieu de ces montagnes qui nous rappellent si bien celles de la Judée qu'elle traversa, pour aller visiter sa cousine dans la vallée d'Hébron. Aussi vous ne sauriez croire avec quel regret j'ai quitté ces lieux pleins de charmes.

A ce regret vint s'ajouter bientôt celui de quitter le bassin de Courmayeur où j'avais reçu, au presbytère, une si noble et si gracieuse hospitalité, ce bassin peut-être unique au monde, qui renferme tant de belles choses, tant de choses utiles : châlets, vertes prairies, gras pâturages, nombreux troupeaux, forêts, torrents, cascades, sources d'eaux minérales, une charmante bourgade au milieu, avec sa belle église et sa tour sonore, tout enfin commande l'attention du voyageur. Mais ce qui la commande plus impérieusement encore, lorsque du sein de cette oasis, il porte ses regards vers le nord, entre le Mont-Chétif et celui qui porte sur ces racines, l'établissement des bains de la Saxe, c'est, au fond d'un imposant tableau qui ne doit rien aux plus beaux sites de la Suisse, la vue grandiose de la chaîne du Mont-Blanc dans toute sa majesté, avec ses énormes glaciers, ses aiguilles dentelées, sa *dent du géant* et sa grande *jorasse*. La vue se repose aussi avec plaisir sur le *pavillon* qui se montre avec orgueil sur ses plus hauts contreforts, et sert d'hôtel à l'intrépide Alpiniste, qui veut passer, en traversant cette chaîne de la vallée de Courmayeur à celle de Chamonix. Ce passage peut s'appeler le *Mauvais-Pas* mieux encore que celui où il conduit, à travers la mer de glace du Mont-Blanc, vis-à-vis le Montanvert.

Je dis adieu à tant de beautés et j'allai, plein d'espoir, à la recherche de beautés nouvelles dans la vallée d'Aoste, qui est partout si belle et si pittoresque.

J'ai côtoyé bien souvent les abîmes, sans que mon cœur, laissez-moi vous le dire, ait battu plus fort qu'à l'ordinaire. Mes yeux étonnés cherchaient en vain à en sonder les profondeurs ; c'était pour eux la descente aux enfers. Les cascades écumantes, qui s'y précipitaient des hauteurs des cieux, grondaient comme le tonnerre, et avaient pour mes oreilles un charme particulier. Il faut vous dire, mon cher ami, que j'ai toujours cherché aux Alpes, comme aux Pyrénées, la belle nature, dans la nature horriblement belle, dans la nature sauvage. Dites que je suis sauvage moi-même, traitez-moi comme tel tant que vous voudrez, cela ne m'empêchera pas de préférer la voix du torrent et le bruit des cascades aux plus beaux morceaux des meilleurs opéras. Que voulez-vous, on ne discute pas plus des goûts que des couleurs, et pour moi, la voix de la nature aura toujours plus de puissance que celle de l'art.

L'on ne peut se dipenser, pour la voir et pour l'entendre de plus près au milieu de ses belles horreurs, de s'exposer à bien des périls et de se soumettre à bien des fatigues. Mais trouva-t-on jamais des plaisirs sans peine? Comme chez nous, dans ces lieux solitaires, la rose a ses épines. Il m'est arrivé, et je ne le regrette pas, de faire dix lieues par jour pour atteindre les contreforts des plus hautes montagnes, du Mont-Cervin, par exemple. Mais ce n'est pas tout : ce qui rendait quelquefois l'ascension plus lente et plus pénible, c'est la traversée d'une mer de glaces que recouvre une neige récente ; c'est la difficulté que j'eus à franchir pour arriver en face de Breithorn. L'envie de patiner ne me vint pas, soyez en sûr ; mais que de choses ne fait-on pas aujourd'hui sans en avoir l'envie ? Je glissai plus souvent qu'il ne fallait, ce qui faisait rire mes amis et ne les empêcha pas de me faire rire à leur tour. L'exemple avait été funeste, il faut en convenir.

J'ai vu de ce point culminant du Valais, des hauteurs presque inaccessibles de Saint-Théodule, j'ai vu les blanches vallées de Sion, la chaîne de l'Aubérland, les environs du Mont-Rose et du Saint-Gothard. Mais ce qui me plaisait beaucoup, c'était la vue des avalanches que causaient les premiers soleils de l'hiver de Saint-Jean, qui est le printemps de ces pays. Elles se succédaient toutes les cinq minutes sur le flanc des montagnes qui nous enfermaient dans un cercle qui n'était guère moins dangereux que celui de Popilius. Ces amas de neige se détachaient des sommets avec fracas, se précipitaient avec la rapidité de la foudre et entraînaient avec eux des blocs énormes de glace et de rocher. Aussi ce n'est pas pour rien qu'un auteur a appelé les avalanches : *l'artillerie des glaciers*.

N'allez pas croire maintenant que l'on se trouve là-haut comme dans un désert. L'on y est, au contraire, toujours en bonne compagnie. Les touristes arrivent des quatre vents dans ce pays du soleil et des étoiles, avec leur bonne part de courage et de gaîté. Chaque jour de la belle saison y voit arriver une nouvelle caravane. J'y ai fait bien volontiers la connaissance de deux messieurs qui appartiennent à des sociétés savantes de l'Italie et que distinguent les qualités les plus éminentes de l'esprit et du cœur. M. Corona Giuseppe et M. Torri Emilio se livrent avec le plus grand succès à l'étude de la botanique, de la minéralogie et de la géologie. Ces touristes, aussi aimables que savants, ont eu pour moi des complaisances que je ne puis oublier.

Nous trouvâmes dans un hôtel, qui n'est qu'une ombre de celui du Mont-Cervin, au Breil, tout le confortable que l'on peut désirer quand on voyage, pour ainsi dire, dans les airs. Aussi l'on y mange bien. Je ne dirai pas que l'on y boit bien, cela va sans dire ; mais je me permets de faire observer que s'il y a un lieu où l'on doive être sobre pour le vin, c'est bien celui-là, à cause des précipices qui l'environnent. On cause à qui mieux mieux, on raconte quelque aventure, quelque conte risible, on chante, on crie : Vive la France ! Vive l'Italie ! Et les échos de la montagne, qui sont bien aises d'être de la fête, répètent à l'envi ces vivats qui partent du cœur. Puis, lorsque l'heure de la séparation a sonné, l'on trinque comme des amis et des frères qui ne doivent peut-être plus se revoir. C'est vraiment admirable, autant sous le rapport du pittoresque que sous celui du sentiment. Je crois que si, au lieu de s'agglomérer, les hommes riches se dispersaient, comme à l'époque de la tour de Babel, et devenaient de plus cosmopolites, les choses n'en iraient pas plus mal pour cela. Il semble, en effet, que le moyen de civiliser les hommes dans ces temps de décadence, est de les éloigner des grands centres où nous vivons, qui seront toujours, quoi que l'on dise, de funestes agglomérations.

Comme tout est beau dans ces solitudes, où le souffle corrompu du monde n'arrive pas ! Comme Dieu est grand et l'homme petit, quand on le voit par la pensée entre ces abîmes du ciel et ceux de la terre ! Avant de quitter le col de Saint-Théodule, je voulus écrire sur la neige le nom de Marie avec la pointe ferrée de mon bâton. Ce nom disparaîtra bientôt, comme tant d'autres choses, mais il restera, je l'espère, éternellement gravé dans mon cœur.

J'aimais, en descendant de ces monts sourcilleux, dont le moindre s'élève à trois mille trois cent trente mètres au-dessus du niveau de la mer, j'aimais à plonger mon regard dans le vaste plateau de Golliet que j'avais sous mes pieds. C'était le moment où la brise du soir agitait mollement les trois lacs d'azur qu'il renferme au milieu des neiges. Ce tableau avait pour moi quelque chose de ravissant.

Lorsque, après avoir franchi une foule de petits torrents, je fus arrivé sur les collines pastorales, je me plaisais à admirer les richésses et les beautés de la flore des Alpes, qui, croyez-le, ne doit rien à celle de nos contrées méridionales. On y trouve : le thym vulgaire, *thymus vulgaris* ; l'alisson argenté, *thymus serpentilus* ; l'orabanche, l'orchis en casque, *orchis militaris*, qui comme la violette sa voisine voudrait se cacher, mais qui est trahie par son parfum ; le galeobdolon, *galeobdolon luteasa* ; la tulipe sauvage, *tulipa sylvestris* et une foule de gazons émaillés de petites fleurs de toutes les couleurs et de toutes les nuances. Je cueillis quelques-unes de ces fleurs dont je fis un bouquet pour l'offrir à Notre-Dame-des-Ermites, en passant devant la chapelle où la veille de mon ascension j'avais eu le bonheur de dire la sainte messe. Cette messe fut servie par l'excellent touriste, M. Corona, qui avait fait, quelques jours auparavant, l'ascension dangereuse du Mont-Cervin. Ce brave des braves l'avait faite, à l'aide de onze cordes et d'une échelle de quatorze mètres, fixées dans les endroits les plus solides de ce géant des montagnes.

Mais une des plus grandes curiosités qui fixent l'attention du voyageur lorsqu'il descend du ciel, c'est le gouffre infernal des Busserailles. Il y a dans les deux défilés que forment en se rapprochant, les versants de la vallée, à trois kilomètres au nord de Valtorneuche, deux gouffres qui portent ce nom, le *gouffre supérieur* et le *gouffre inférieur*. Je ne vous parlerai que de ce dernier, parce qu'il m'a paru infiniment plus curieux que l'autre. Imaginez-vous, en effet, un gouffre formé par la roche serpentine, demi-dure, qui a cent-quatre mètres de longueur, cinq mètres de largeur et trente-six mètres de hauteur, dans lequel le Marmore furieux se précipite avec un bruit épouvantable, et tombent en bouillonnant deux énormes cascades d'une hauteur prodigieuse, au milieu des grottes sonores. Grossi par la magnifique cascade qui tombe

par bonds. à l'entrée de ce gouffre, le torrent du
Mont-Cervin y coule en zigzag entre deux bords éga-
lement tortueux, moutonnés et concaves, pénètre
dans les grottes qui s'ouvrent à fleur d'eau, s'y replie
et recule comme s'il voulait remonter vers sa source
pour revenir ensuite plus impétueux, plus bouillonnant.

La principale grotte, qu'on appelle avec raison la
Grotte du Géant peut contenir une cinquantaine de
visiteurs. Elle sert de salle à manger aux touristes
de la blanche Albion qui aiment comme les cyclpo-
pes à prendre leurs repas dans des antres affreux, au
milieu du bruit et des plus grandes émotions. Aussi
trouve-t-on au milieu une table assez forte pour porter tout le poids d'un dîner sterling. Il se produit
dans ces profondeurs le phénomène de l'ar-en-ciel,
quand les rayons solaires, qui pénètrent par quelques fentes du rocher, viennent, de dix heures à midi,
se réfracter et se réfléchir dans les gouttelettes d'eau

soulevées par les cascades et les ondes écumantes, se
mêlant avec celles qui tombent de la voûte rocail-
leuse de ce gouffre.

Le défilé dans lequel se trouve le gouffre inférieur
des Busserailles est plus large que le gouffre supérieur
C'est pourquoi il est permis de croire que le glacier
s'y est glissé à l'époque glaciaire, ce qui explique en
quelque sorte l'origine des *marmites* du géant qui
l'entourent. On appelle ainsi des trous peu profonds,
mais arrondis dans la roche, des cavités circulaires
dont les plus petites ressemblent aux *silos* dans lesquels les anciens renfermaient leurs grains. Une solide
galerie que l'on a établie, je ne sais comment,
le long de ces gorges, et un pont qu'on a jeté
sur cet abîme, permettent de contempler, sans
le moindre danger, ces merveilles de la nature.

Monsieur le chanoine Carrel, d'heureuse mémoire,
a fait si bien connaître dans sa Notice sur le Gouffre

des Busserailles, les impressions que l'on reçoit au milieu de ces horreurs que, ne pouvant mieux faire, je me sers de ses propres paroles pour vous les faire connaître moi-même :

« On éprouve, dit-il, en entrant dans ce gouffre, des impressions qu'on ne saurait exprimer. La crainte, la nouveauté, la grandeur, le bruit des cascades, les innombrables gouttelettes d'eau qui s'en détachent et reproduisent les sept couleurs de l'arc-en-ciel quand un rayon de soleil peut y pénétrer, les galeries et les ponts suspendus dans ce grandiose abîme, la sonorité des grottes collatérales et superposées, enfin tout ce qu'on voit et qu'on entend, saisit tellement l'imagination qu'on a besoin de se recueillir un moment pour pouvoir prononcer une parole. »

J'ai vu les gorges du Fier, en Savoie ; je les trouve fort curieuses, et je conseille de les visiter à tous ceux que l'amour des beaux sites conduira à Annecy. Elles ne sont qu'à quelques kilomètres de cette jolie petite ville, où les reliques de saint François-de-Sales et de sainte Chantal attirent tant de pèlerins. Mais qu'il y a loin, sous tous les rapports, des gorges du Fier à celles des Busserailles. Un vrai touriste ne reculerait pas devant la pensée de faire le tour du globe pour le seul plaisir de voir ces dernières.

Les deux défilés ou gouffres des Busserailles, sont séparés par un bassin presque circulaire, d'une rare beauté. L'illustre de Saussure l'a décrit en quelques mots que je me plais à rappeler :

« On entre, dit-il, dans une petite enceinte dont le fond plat est une belle prairie que traverse le ruisseau du Mont-Cervin, avec un châlet et des troupeaux sur les bords et une chapelle dans le haut, dédiée à Notre-Dame-de-la-Garde, situation vraiment romantique. »

On ne peut passer au village d'Antey-Saint-André, sans s'arrêter saisi d'admiration à l'aspect du Mont-Cervin qui se dresse dans toute sa majesté au-dessus des montagnes qui l'environnent. Il y a là une vue des plus grandioses qu'on puisse trouver dans la vallée d'Aoste.

A quelque distance de ce bassin, l'on entend d'abord et l'on voit ensuite *la cascade du moulin*, que l'on prendrait pour la chute du Niagara, tant elle est bruyante et volumineuse. La cascade de Derby, aux environs de Pierre-Taillée, où Annibal se fraya un chemin à travers les Alpes, et celle de Vertozan, qui n'est pas éloignée d'Avise, la paroisse que dirige l'aimable et pieux M. Charrière, ne sauraient être comparées à celle-là qu'autant qu'il est permis de comparer les petites choses aux grandes : *Si parva licet componere magnis* ; après l'avoir admirée des heures entières, on ne peut s'empêcher, en la quittant, de se retourner pour la voir encore.

Voilà, mon cher ami, une bien longue narration. Mais, dites-moi, n'aurais-je pas bien tort si, après vous avoir parlé avec tant d'entrain des merveilles que la nature a prodiguées à la vallée de Valtornenche, je ne vous disais rien des vertus et des mœurs qui y règnent en souveraines ?

Je vous dirai donc, pour l'acquit de ma conscience, qu'on trouve partout, sur ces montagnes et dans ces vallées que je viens de voir, des hommes dont la conduite aurait fait honneur à la primitive Église. Ils n'ont, en effet, qu'un cœur et qu'une âme, comme les premiers chrétiens. Ils s'aiment tous, comme les enfants bien nés d'une même famille. Le prochain, quel qu'il soit, est leur frère, et à l'exemple du Bayard *des temps anciens*, ils ne reconnaissent d'autres maîtres que Dieu et le Roi. Aussi vous ne sauriez vous figurer jusqu'à quel point ils sont esclaves de la loi. L'union la plus parfaite règne entre les diverses administrations. Jugez par là de l'heureuse influence que cet accord doit exercer sur les administrés. Il s'est établi entre ceux qui commandent et ceux qui obéissent des relations aussi agréables que celles qui existent dans la famille : même respect, mêmes sympathies, mêmes affections. La devise républicaine : *Liberté, Égalité, Fraternité*, n'est point inscrite sur le fronton des édifices publics, et pourtant on peut dire qu'il n'y a pas d'hommes plus libres, plus égaux et plus frères que les valdotains. Me serait-il défendu de penser qu'ils ne sont tels que parce qu'ils ne sont pas en république ?

L'hospitalité se donne sous la cabane du pauvre comme sous le châlet du riche, avec la noble simplicité du temps des patriarches. J'ai remarqué, en la recevant moi-même au milieu de mes compagnons de voyage, un usage qui m'a vivement touché. C'est celui de boire tous à la même coupe au moment où la visite est reçue. Quel que soit le nombre des visiteurs, la coupe est assez grande pour contenir la part de chacun. On me faisait l'honneur de me l'offrir d'abord, parce que j'étais prêtre et de plus étranger. L'histoire nous apprend que cet usage n'est pas nouveau, puisqu'on l'observait déjà du temps de l'empire romain. Nous lisons, en effet, qu'un jour, à la table de l'empereur Maxime, saint Martin de Tours reçut, des mains de ce prince, la coupe d'honneur qu'il devait lui remettre, selon l'usage, après y avoir trempé ses lèvres ; mais trouvant cette occasion de relever aux yeux des courtisans, qui devaient boire ensuite, le caractère sacerdotal, déjà malheureusement avili par des complaisances adulatrices, le futur évêque de Tours, sans dire une parole, tend la coupe au prêtre qui l'accompagnait, faisant entendre par ce muet langage qu'il plaçait la dignité du prêtre au-dessus même de celle des rois.

L'église de Valtornenche, qu'inondent chaque dimanche les flots populaires, est ornée avec autant de goût que d'élégance. Elle est d'ailleurs fort belle, et, comme autrefois le château du seigneur, elle s'élève majestueusement, avec sa flèche élancée, au milieu du village. Là, comme dans toutes les autres parties de la vallée d'Aoste, l'agglomération principale, où résident le maire et le curé, se trouve au milieu d'une foule de hameaux, dont chacun a sa chapelle et son clocher. Ainsi Vallornenche, qui a quinze hameaux, possède par conséquent quinze chapelles avec leur clocher. Les habitants de ces hameaux, qui sont placés à de très-grandes distances de l'église paroissiale, se servent de ces chapelles pour la prière du matin et du soir. Monsieur le curé ou son vicaire y va consacrer, le jour où il doit porter le saint viatique.

On comprend dans ces montagnes que nous sommes nés pour le travail, quelle que soit la position que la Providence nous a donnée. Aussi les hommes comme les femmes, les filles comme les garçons, les riches comme les pauvres, s'y livrent avec une égale ardeur.

En voyant ces bons montagnards au travail, se courbant pour moissonner leur orge, il me semblait que les temps anciens étaient revenus, alors que dans les champs de Booz, le maître moissonnait avec ses serviteurs, pendant que ses filles liaient les gerbes et que Ruth glanait au milieu d'elles pour la pauvre Noëmi.

Le valdotain est sobre à table, modéré dans ses plaisirs, modeste dans ses habits, et a, pour le luxe qu'il pourrait se permettre s'il ne consultait sa conscience, la même aversion que l'on a pour la peste. Quand est-ce donc que les peuples finiront par comprendre que le luxe est une cause de dissolution pour les mœurs et de ruine pour la société ?

On doit le dire à sa louange, la vallée de Valtornenche a fourni sa bonne part de prêtres. J'ai salué avec respect, en la parcourant, le châlet qui a vu naître M. l'abbé Menabrea, l'excellent curé de Courmayeur, et celui où vit le jour M. l'abbé Gaspard, le bon pasteur de Saint-Pierre, qui a poussé l'amitié dont il m'honore, jusqu'à l'héroïsme, en m'accompagnant dans mes ascensions. Je crois aussi, si mes souvenirs me servent bien, que Valtornenche est la patrie de M. le chanoine Gorret. Ce pays a le droit d'être fier d'un enfant qui est voué tout entier aux bonnes œuvres. J'aurais voulu pouvoir donner les mêmes marques de respect à la maison de M. Carrel, et y trouver, vivant encore, ce bon chanoine qui a payé, avec sa plume, le tribut d'amour qu'il devait à sa patrie.

J'ai été témoin, dans cette paroisse, de la célébration d'un mariage dont je me souviendrai toujours, tant a été grande l'impression que j'en ai reçue. Les

époux, suivis de leur famille, se rendirent à l'église
au bruit des salves que répétaient les échos d'alen-
tour. Les parents de la fiancée portaient à la bou-
tonnière une petite branche de buis, entourée d'un
ruban violet, pour marquer la tristesse qu'ils éprou-
vaient de se séparer d'elle. Les parents du fiancé
portaient la même distinction, entourée d'un ruban
rouge, pour témoigner de la joie qu'ils ressentaient,
en voyant venir un nouveau membre dans la famille.
La demoiselle, la tête couverte d'un voile blanc,
avait derrière elle toutes ses compagnes. La charmante allocution de monsieur le curé, qui est un
homme de dévouement, fut écoutée avec une reli-
gieuse attention, la messe fut entendue de même. Au
moment où le célébrant récitait l'oraison dominicale,
peut-être quand il disait à Dieu : « Donnez-nous
aujourd'hui notre pain de chaque jour », une femme
se détachait du groupe des invités, c'était la mère de
la jeune épouse, et venait dans le sanctuaire déposer
sur une crédence qui se trouvait du côté de l'Évan-

gile, un pain frais qu'elle portait dans une serviette, à l'adresse du curé. Immédiatement après, les époux s'agenouillaient sur la première marche de l'autel pour communier. Quand la messe fut finie, les deux époux firent ensemble le tour de l'autel, en donnant par leurs saluts les marques du plus profond respect, et vinrent l'un après l'autre, l'épouse la première, baiser le dessus de l'autel du côté de l'épitre,, en y déposant leur offrande. Pendant ce temps-là, monsieur le curé sortit de la sacristie, portant sur son aube une étole noire et suivit l'épouse précédée de ses compagnes, à l'autel du purgatoire, où l'on chanta l'absoute pour les membres de sa famille. La même cérémonie devait se faire le lendemain, après la messe d'actions de grâces, pour les parents de l'époux. C'est une sainte et salutaire pensée de prier pour les morts, même aux jours de réjouissances. N'est-il pas permis de croire que les morts se réjouissent eux-mêmes dans le ciel, en prenant part à nos fêtes de famille ; et en supposant qu'ils soient encore dans le lieu d'expiation, nos prières pour eux auront-elles moins d'efficacité et d'à-propos parce qu'elles auront été faites dans un jour de fête comme celui d'une noce? Est-ce qu'il n'existe pas toujours, dans toutes les circonstances de la vie, d'intimes rapports entre les trois églises, celle du ciel, celle du purgatoire et celle de la terre?

A l'issue de la cérémonie, les gens de la noce sortirent en silence de la maison de Dieu, salués par les mêmes détonations qu'ils avaient entendues en y entrant, et invitèrent, selon l'usage antique et so-lennel, le pasteur de la paroisse à venir bénir la table et à y prendre ensuite la place d'honneur qui lui était réservée. Si l'on trouve dans ce récit quelque chose qui ne soit pas conforme à nos usages, on voudra bien remarquer que si l'on dit: « Autres temps, autres mœurs,» on peut dire aussi : « Autres lieux, autres mœurs. » Il serait certes fort heureux pour la société que l'on pût suivre partout ces usages que je loue.

Quand on a vu, comme moi, la manière dont se conduisent les pasteurs et les troupeaux dans la vallée d'Aoste en général et dans celle de Valtornenche en particulier, on sent qu'il y a à la tête de ce beau diocèse, un évêque selon le cœur de Dieu. Ce n'est pas un compliment, c'est de l'histoire que je fais ici. Dieu, qui aime beaucoup Monseigneur Duc et qui a voulu le rendre aimable en réunissant dans son esprit comme dans son cœur les qualités qui font le bon évêque, s'est plu à le donner, quoique jeune encore, pour successeur à tant de saints prélats qui ont illustré le siége de la ville d'Auguste, parce que joignant la sagesse du vieillard au zèle ardent du jeune prêtre, il devait respecter leurs traditions, suivre leurs exemples et par conséquent nourrir ses ouailles dans de gras pâturages ; chercher la brebis égarée, la ramener au bercail, et l'y conserver avec toute la sollicitude d'une mère. Aussi est-il l'idole du clergé et la joie des fidèles. Les hommes d'élite qui l'entourent, les prêtres pieux et savants qui composent son chapitre, parmi lesquels j'aime à distinguer l'incomparable M. Gérard, l'homme à la bouche et au cœur d'or, le barde de la vallée, s'empressent de lui témoigner leur amour, en suivant ses inspirations, et prenant ses désirs pour des ordres. Heureux les peuples qui ont pour les conduire un pasteur aussi dévoué et aussi habile que celui-là !

Voilà, mon cher ami, tout ce que j'avais à vous dire d'un pays que j'aimerai toujours parce qu'il joint à la beauté des sites le parfum de la vertu, les charmes d'une bonne éducation et puis encore parce que la double gloire du passé et du présent le rend digne d'un brillant avenir.

Agréez, mon cher ami, avec l'accolade fraternelle, l'assurance de mes meilleurs sentiments.

Courtès, curé-doyen.